KELİMELERLE RESİM YAPMAK ŞİİR KOLEKSİYONU

Cathy McGough

Stratford Living Publishing

Telif hakkı Copyright © 2013 Cathy McGough
Tüm hakları saklıdır.
İlk olarak Painting With Words (25 şiir) adıyla yayınlanmıştır.
Güncellenmiş şiir koleksiyonu Temmuz 2024'te yayınlanmıştır (70 şiir).
Bu koleksiyon Mart 2026'da yayınlanmıştır.
Bu kitabın hiçbir bölümü, Stratford Living Publishing yayıncısının önceden yazılı izni olmadan, ABD telif hakkı yasası tarafından izin verilen durumlar hariç, yayıncı veya yazarın yazılı izni olmadan hiçbir şekilde çoğaltılamaz.
ISBN : 978-1-997879-40-4
Cathy McGough, 1988 tarihli Telif Hakkı, Tasarımlar ve Patentler Yasası uyarınca bu eserin yazarı olarak tanınmak hakkını kullanmıştır.
Cover art powered by Canva Pro.
Bu bir kurgu eseridir. Karakterler ve olaylar tamamen hayal ürünüdür.
Yaşayan veya ölmüş herhangi bir kişiyle benzerlik tamamen tesadüfidir.
İsimler, karakterler, yerler ve olaylar ya yazarın hayal gücünün ürünüdür ya da kurgusal olarak kullanılmıştır.

İçindekiler

Teşekkürler	VII
Adanmışlık	IX
HAVADA KALELER	1
SİZİ GERİ GETİRMEK İÇİN	3
ÇALIŞMA GÜNÜ	5
MAVİ JAYLER VE KOOKABURRALAR	8
AŞK DIŞINDA HER ŞEY	10
KİŞİLEŞTİRME	13
KAĞIT BEBEK	15
SEN UYURKEN BEN UYANIYORUM	17
MÜZE İÇİN YİYECEK	19
SİS PERDESİ	21
SON DAN E	23

UÇABİLİRİM	24
YÜZDE	27
GÜZEL KÜÇÜK ŞEY	29
CRUCI-FICTION	31
DİRİLİŞ	34
TEASE	35
BAŞLANGIÇ	37
NEDEN BEN?	39
AĞAÇ	41
GÖKYÜZÜNÜN GÖZLERİ	43
SON AŞAMA	46
DENİZDEN GELEN ŞARKI	48
ASLA OLMAYACAK RESSAM	50
GÜZEL GÜNBATIMI	53
OYUNCAKLARI OLAN ÇOCUKLAR	55
O GÜNLERDEN BİRİ...	57
EBEVEYNLİK SANATI	60
BUHARLI	62
ZAMANIN BUZ GİBİ ELİ	64
SONBAHAR ŞARKISI	67
ÇEMBER: ÜÇLÜ SERİ	69

ÇEMBER: ÜÇLÜ SERİ	71
ÇEMBER: ÜÇLÜ SERİ	73
EVLİLİK DUASI	75
BEAU IDEAL	77
BABA VE OĞLU	79
FLEETING	81
BENİ UNUTMA ÇOCUK	82
ELLER	84
O BENİ SEVİYOR	86
BİLGİSİZ	88
YARA BANDI TAKIN	89
EĞER YAPABİLSEYDİM...	91
AYNA AYNA	94
ORGAN ÖĞÜTÜCÜLER	95
ÇAMUR SUYU YAYGININDA YANSIMALAR	97
BİRLİKTE ZİNCİRLENMİŞ	99
ZAMANIN İŞARETİ	101
CEVAP	103
KAR TANESİNİN ÖLÜMÜ	105
GEÇMİŞ	107
SÖYLENMEYEN	109

KARPUZLU KADIN	110
KALPSİZ	113
PASKALYA	116
ERKEN GİTTİ	118
WHISPER	120
SCARAMOUCHE	122
YOLU YÜRÜYÜŞ	125
BARIYER	127
HAFİF YANLIŞ ANLAMALAR	131
MACBETH	133
BELKİ	135
SİFON	137
CEVAPLANAMAYAN MEKTUPLAR	139
KELEBEK	141
EVRİM	143
60 SANİYEDE DÜNYA	145
GOSPELAMER	149
Yazar hakkında	151
Ayrıca:	153

Teşekkürler

Sevgili okuyucular,

Şiir koleksiyonumu okumayı tercih ettiğiniz için teşekkür ederim. İlk şiirim "Başlangıç"ı lise yıllarında yazdım. Şiir her zaman ilk aşkım olmuştur.

Bu kitabı adadığım anne ve babama ve kendisi de bir şair olan büyükanneme de teşekkür ederim.

Benim kelime meraklısı nerd hayallerimi benimseyen sevgili arkadaşlarıma da teşekkür ederim.

Ve bu yeni kitabımı hazırlamama yardım edenlere de teşekkürler. Sizler olmasaydınız bunu başaramazdım!

Her zamanki gibi

İYİ OKUMALAR!

Cathy

Adanmışlık

Anne ve Baba için

HAVADA KALELER

Seni bir kule gibi inşa ediyorum

Ve sonra seni kapatıyorum

Çok fazla pencere var

Yere çok uzak.

Kaidenin üzerinde oturuyorsun

Her türlü gücü geri püskürtüyorsun

Çünkü beni annenin boşanmasının

Gölgesi olarak görüyorsun.

Ve bu aşkdan daha az olabilir

Ve çoğundan daha fazla olabilir

Ama bu bir şey, giderek güçleniyor.

Seni bir kitap gibi okurum

Sayfaların genişçe açılır

Bir bakış ya da göz atma olmadan

Ruhlarımız birbirine güveniyor gibi görünüyor

Ve bu aşkdan daha az olabilir

Ve çoğundan daha fazla olabilir

Ama bu, derinleşen bir şey

Bu, sonsuza kadar sürecek

O tür bir aşk olmayabilir

Ama hiç aşk olmamaktansa

Aşkın bir parçasını tercih ederim.

SİZİ GERİ GETİRMEK İÇİN

Yüzler, zihnime girip çıkıyor

Parlayan yıldızların anıları

Açılışlar ve kapanışlar

Kalabalık yalnızlıklar

Bu insanlar kim?

Bir çocuk gençliğin baharında beliriyor

Yüzünü pencereye dayıyor

Gerçeğin ne olduğunu merak ediyor

Dikkatinin dağıldığı görülüyor

Etrafındaki şekerleri gördüğünde

Ve bunların bedava olup olmadığını merak ediyor.

Çocuk, annen sana söylemedi mi

Hiçbir şey bedava olmaz

Her şeyin bir bedeli vardır

Herkesin ödeyeceği bir bedel vardır.

Yüzler, eski zamanların hayalleri

Hepsi solup yeni dizelere dönüşür

Ölmüş kahramanlarımızın

Ayak izlerini takip ederken

Var olmayan

Yüzleri ararız

ÇALIŞMA GÜNÜ

Kasvetli kapalı alan

Yastıklı

Mor duvarlar

Kutu içinde

Mahkum.

Serbest bırakılmaya çalıştım

Şartlı tahliye

Ama geri düştüm

Kendimi çıkarabilmeden

Bu yerde

Makineler var

Seni ikna eden

Çalışmaya

Bir makine gibi

Ve reddettiğinde

Seni yıkıyorlar

Sen yıkılıyorsun

"Dinle klavye

Ben olmadan

Sen bir hiçsin!

Hiçbir şeysin diyorum!

Bunu unutma

Tamam o zaman. Tamam."

Kablosuz fare

Fırsatı

Kaçmak

için

kullanır

Atlar ve

Ekstra ekstra büyük

kahve fincanına

Buhar

Akıyor

ÇIĞLIK!

Küçük Ateş

Ooops!

MAVİ JAYLER VE KOOKABURRALAR

Her çiçeğin adını bilmemem önemli değil

Her kuşun adını bilmemem önemli değil

Bu topraklara yeni gelmiş olmam beni caydırmıyor

Hem eylemlerimle hem de sözlerimle övmekten.

Bazen burası bana neredeyse evim gibi geliyor

Geçmişle hiçbir bağım olmadan amaçsızca dolaşıyorum

Diğer günlerde ise bu ada benim ruhum gibi geliyor

Ve bu tutkunun sonsuza kadar süreceğini merak ediyorum.

Sonra kendimi hain gibi hissettiğim günler oluyor

Artık elde edemeyeceğim şeyleri özlüyorum

Sonra memleketimin bayrağını bir anlık görüyorum

Ve beni tekrar geri çağırıyor.

Peki, bir yerde doğduğunda

O yeri tamamen geride bırakabilir misin?

Yoksa hem kalbinde hem de zihninde

Yeni olanı ve eski olanı sevebilir misin?

Yakında pamuk topu bulutlar gümüş rengi kuşum için ayrılacak

İlk aşkım kollarını açmış beni bekliyor

Beyaz Trilliumlar beni kokulu öpücükleriyle boğacak

Mavi Jaylar ve Kookaburralar çarpışırken.

AŞK DIŞINDA HER ŞEY

Bana çiçekler verdin

Bana şeker verdin

Ama bu yeterli değildi.

Beni arabayla gezdirdin

Lüks yerlere

Ama bu yeterli değildi.

Bana aklına gelen

Her şeyi verdin

Aşk dışında her şeyi

Evet, aşk dışında her şeyi.

Bana şakalar yaptın

Beni güldürdün

Ama bu yeterli değildi.

Bana zaman ayırdın

Bana alan verdin

Ama bu yeterli değildi.

Bana aklına gelen

Her şeyi verdin

Aşk dışında her şeyi

Aşk dışında her şeyi.

Ne kadar uzun süre bekledim şefkatli bir öpücüğü

Bir işaret, bir teklif ya da bir yüzüğü

Ama gün geçtikçe, yıl geçtikçe

1 + 1 hiçbir şey ifade etmedi.

Bana şakalar yaptın

Beni güldürdün

Ama bu yeterli değildi.

Bana zaman verdin

Bana alan verdin

Ama bu yeterli değildi.7

Bana her şeyi verdin

Aklına gelen her şeyi

Oysa tek istediğim senin sevgin

Sevgilim, tek istediğim senin sevgin

KİŞİLEŞTİRME

Etrafında dönüyor

Bir top gibi

Pervasızca

Duvardan duvara sekerek

Kendini yok ederek

Ama ağır ağır ilerleyerek

Düşünmeye zaman ayırmadan

Ya da nefes almaya

Duvarlar yer değiştiriyor

Bir ev filmindeki sahneler gibi

Renkler karışıyor

Çılgınca koşuyor

Tavan üstüne ve altına uçuyor

Ve zemine karışıyor

Kaleydoskoplu bir çocuk gibi

Çerçeveyi değiştiriyorsun

Şarkımdan zevk alıyorsun

Ta ki ben gevşeyene kadar

Ve tavandan kaçana kadar

Daha anlamlı bir ilişkiye

KAĞIT BEBEK

Kağıt bebek rüzgârın girdabında dolanıyor
Duygularından arınmış, dönüyor ve dönüyor
Balerin gibi pirouetler yapıyor
Hayatın başarısızlıklarını ve pişmanlıklarını hatırlıyor.
Çılgınca onun pençesinden kaçmaya çalışıyor
Kulaklarında rüzgâr tecavüz fısıldıyor.
Kağıt bebek parçalara ayrılıyor
Olabileceklerin sadece bir anısı.
Acı hissetmiyor çünkü o sadece bir çocuk
Hiçbir şey hissetmiyor.

Çocukların ağlamalarını duyun, uykularında dönüp duruyorlar

Uykularının rüyalarında

Onları hayatın kasırgalarından koruyun.

Koşun çocuklar, koşun

Artık sizi bağlayan zincirler yok.

Onları hayatın kasırgalarından koruyun.

SEN UYURKEN BEN UYANIYORUM

B en uyurken sen uyanıyorsun

Bavullarını topluyorsun

Yanağıma öpücük konduruyorsun

Yumuşak bir sesle "hoşçakal" diyorsun

Senin gidişini izliyorum

Sen asla bilmeyeceksin

Çünkü senin gözlerinde

Huzur içinde uyuyorum

Boşluğa sırtımı dönerek

Gözyaşları, hıçkırıklar, kendime acıma

Uyku hoş geldin

Ruhum seninkini arıyor

Birlikte kovalamaca oynuyorlar

Aşkımız eskisi gibi

Ben senim. Sen bensin.

Güneş sabahı getirir

Boşluğuna uzanırım

Kollarınla sarılırsın

Aşk seni bugün geri getirdi

Aşk seni kalmak için geri getirdi.

Ben uyurken sen uyanırsın

Bavullarını toplarsın

Yanağıma öpücük kondurursun

Yumuşak bir sesle "hoşça kal" dersin

Kapıyı kilitlerim. Zinciri takarım.

Bu sahne bir daha asla tekrarlanmayacak.

MÜZE İÇİN YİYECEK

Gel bana güzel yaprağım

Bekleyen kucağıma düş

Beni akan renginle yıka

Zarafetle bana doğru uç.

Yaprak, sana ruhsuz diyorlar

Ben bunun yanlış olduğunu söylüyorum

Çünkü sen uyum içinde dans ediyorsun

Rüzgar senin şarkını çalarken.

Şimdi seni kollarıma alıp ağlıyorum

Damarlarının kanamasına

Renklerin birbirine karışmasına: güzellik

Bunlar senin kalıntın.

Çıtır çıtır geveze arkadaş

Ayakkabı tabanlarını gıdıklayan

Sonbahar ilhamı:

müze için yiyecek.

SİS PERDESİ

Yoğun sisin içinden

Bir çift mermer göz gördüm

Hiçbir şey yansıtmayan gözler tısladı

Kılıklarına yaslanarak

Yıldızlar kar gibi düştü

Onların güçlü algılarına

Onların parıltısına kapıldım

Onların yönüne doğru yürüdüm.

Duygusuz ve boşlardı

Sessiz ışınlarını yayıyorlardı

Sonsuz sisin içinden gördüm

Ay ışığı erimeye başlamıştı

Gerçeği yakalamak için kollarımı kaldırdım

Yargı geldi, gençliğimi kaybettim.

Tüm duygularım tükenmişti

Sabahleyin geriye kalan

Berrak ve gri mavi gökyüzünün altında

İki çift mermer göz.

SON DAN E

R esmini kollarımda tutarken

Dans pistinde birlikte dans ederken

Neredeyse olabileceği gibi

Keşke beni daha çok sevseydin

Kalp atışlarını hissedebilecek kadar yakın

Hayali bir bulutun içinde birlikte dönerek

Dünyayı parlak bir ışıltıyla boyarken

Adını yüksek sesle fısıldarken.

Müzik bitmiş olsa da dans ediyoruz

Yüzümden gözyaşları akıyor

Çünkü olabilecekleri gördüm

Ve iz bırakmadan kaybettim.

UÇABİLİRİM

Kenarda durmak

Uluyan rüzgarlar

Çırpınan kolları

Her zaman hazır

İhtiyaç

Tek başına uçmak

Etekler dalgalanıyor

Sol ayak geri

Sağ ayak ileri

Dengeli

Bak Melekler

Tam orada

Bakır saçlar dalgalanıyor

Dudaklar tadıyor

Deniz tuzu

Her şeyi içine alıyor

İçinde

Bilmek

Kim olduğumu

Neden burada olduğumu

Kanatlar

Çırpınıyor

Çırpınıyor çırpınıyor

Biliyorum

Ki ben

Yükselmeliyim.

Çünkü

Ben

Hayal gücünün

Sınırında

Yaşıyorum

Ayaklarım

Artık

Yeri

Arzulamıyor

Her şeyi

Eşsiz

Bir

Bakış açısıyla

YÜZDE

Ayna,
Beni fazlalıkla yansıtıyorsun
Her tarafımda yazılı
Et rengi belirsizlik.
Ayna
Mükemmelliği alay ediyorsun
Bu sınırsız yansıma ile
Ve sonuç her zaman aynı
Çerçevende: Ben değişmeden kalıyorum.
Satır aralarına yazılmış
Şiirsel bir şekilde gizlenmiş
Kaçınılmaz özellikler

Uyumsuz bir şekilde akıyor.

Ayna: Gördüğüm şeye bağlı kalıyorum

Çünkü ben tamamen senim

Ama bazen yansıma

Keşke sana benzeseydim.

GÜZEL KÜÇÜK ŞEY

Güzel küçük şey

Süs gibi oturur

Giren herkesi

En içtenlikle selamlar.

O, gördükleri

En güzel kızdır

Altın sarısı saçları

Ve yeşil gözleriyle.

O, hayata geçirilmiş

Bir porselen bebek

Bir gün bir erkeğe

Harika bir eş olacak.

Güzel küçük şey

Melek gibi gülümser

Ninniler söyler

Ailesinin yanında

Sadece kendisine konuşulduğunda

Konuşur

Asla düşünmez

Düşünmek için bir nedeni yoktur

Resim kadar güzeldir

Mona Lisa'yı utandırır

Ve bu kadının çocuğu

Görgü kurallarını uygular.

Güzel küçük şey

Asla sorgulamaz

Ailesinin uygunluğunu

Çünkü o hep

Bir melekti

Noel ağacının üzerinde.

CRUCI-FICTION

Vücudun bağlı

Haç şeklinde

Umutsuzluk içinde asılı kalıyorsun

Sonsuza kadar.

Onlar iyileştirirlerdi

Ellerini ve ayaklarını

Ama çiviler paslanmıştı

Ve tetanos aşısı

Henüz icat edilmemişti.

Onlar iyileştirirlerdi

Yanlarını

Ama yanına gelip

Bakınca

Açık delikten

Dünyayı

Ruhun aracılığıyla

Görünüşü nefes kesiciydi.

Onlar

Taç

Çıkarırlardı

Ama kan lekeleri

Alnından aşağı

Düşerek

Narin

Gül yaprakları

Gibi şekiller

Oluşturuyordu.

İstasyonlardan istasyonlara

Geçerken

Siyah tespih

Sıkıca tutuyorum

Kırılıyor

Boncuklar her yere

Yuvarlanıyor:

Kilisede

Dışarıda

Rüzgar onları yakaladı

Yükseltti

Gökyüzüne doğru

Siyah kargalar

Ulaşılamayacak kadar yükseğe uçtu

Battaniyeleri düşürdü

Evsizlerin üzerine

İnançlıların

İnançsızların

Ve benim.

DİRİLİŞ

Boşluğa sürüklenmek

Söylenti gibi yayılmak

Yaprak akıntıyla aşağıya doğru süzülür

Rüyadan gelen hayalet gibi bir varlık.

Yaprak ezilmiş ve kırılmış

Kıyıya vurur

Kumla kaplanmış

Sonsuza kadar cansız.

Yaprak kurur ve yeniden doğar

Bir meleğin nefesi ile kaldırılır

Gabriel kornasını çalar

Ölümden sonra yaprak.

TEASE

Bana sordu ve ben "yapamam" dedim

Bana sordu ve ben "yapmayacağım" dedim

Her gün bana soruyor. Her gece bana soruyor.

Bir gün yapabileceğimi umarak etrafımda dolanıyor.

Oyalanıyorum ve nedenini sadece ben biliyorum.

Güç gösterisi yapmıyorum! Hayır, ben değil!

Çünkü sevdiğim adamı incitmekten nefret ediyorum.

Yetişkin bir erkeğin ağlamasını görmek kolay değil.

Yine de onu reddetmek zorundayım.

Yine de onun kaşlarını çatmasını görmek zorundayım.

Yine de kalacağına inanıyorum.

(Bu arada, sanırım o beni seviyor.)

Bir gün emin olacağım.

Bir gün doğru zaman gelecek.

Ona kalbimi açacağım

Ve karanlık aydınlığa dönüşecek.

Umarım tüm bu gizlilik

Geleceğimizi mahvetmez. Anlayacağın:

Bu oyalamak tamamen tesadüf değil

O Astaire gibi ve ben dans edemiyorum.

BAŞLANGIÇ

Oturdum

Karanlığın örtüsü altında

Bir sis vardı

Ve bir türlü dağılmıyordu.

Aşk

Kalbinde soğumuştu

Ama bana söylediğinde

Çok kafam karışmıştı

Senin bana gerçeği

Söylemeye çalıştığını

Anlayamadım.

Şimdi

Yalnız başıma

Ormanın kenarında

Ruhum uzanıyor

Şarkı söylüyorum

Ses yankılanana kadar

Ve hatırlıyorum

Bunun "bizim şarkımız" olduğunu

Ve iyileşme başlıyor.

NEDEN BEN?

Koro tekrar tekrar çalıyor

İçsel uyumu bozarak

Utanmaz cazibesiyle fantezi

Aşkımı başkasının kollarına gönderiyor.

Yerde paramparça olan anılar

Geri çekilen kaşların boğduğu sesler

Fısıltılar, kafa karışıklığı ama c'est la vie

Hayatın sakin gerçekliğine uyum sağlamak.

Oh, yağmur hiç bitmiyor

Ve esinti sonsuza dek

Bana empatik mesajlar gönderiyor.

Belirsiz bir yarında

Damlaların tıkırtıları

Sessizlikle kulaklarımı delip geçecek

Ve gözyaşları beni taş gibi soğuk bırakacak

Gökkuşağının sonunda

Altın potumu biriktirerek.

AĞAÇ

Kaç yıl
Ne kadar süre, kaç yaşında?
Ağaç cerrahları düşünür,
Bilgi tomurcukları açılır.
Yarını kavramak
Tüm yaratılışın tanrısına
Melek parmakları uzanır
Ahşap motivasyonla.
Dik ve yeniden dik,
Doğaya sadık bir hayal oluştur
Rüzgar ve yağmurla
Onlar anıtsal bir yapıya sahiptir.

Eğer tanrı sevgiye ihtiyaç duyan bir şey yaratmışsa

Bu bir ağaç olmalıdır

Çünkü insanların sadece iki kolu vardır

Özlemek, dokunmak, dua etmek için

Ama ağaçların dalları vardır, dallardan büyüyen

Hayatın döngüsünde boşluğa eğilen.

GÖKYÜZÜNÜN GÖZLERİ

Bu başlangıçta oldu

Zaman atlamadan önce

Oldukça uzun bir süre önce

O benim rüyama girdi.

Eminim hatırlamayacaksın

Onun söylediği son sözleri

Papaz

Aşkımın öldüğünü ilan etmeden önce.

Aşkım birçok melekten bahsetti

Onun ruhunu almaya gelen

O gidip geldi

Ve sonunda kontrolünü kaybetti.

Onun yanında diz çöktüm

Ağlamamak için çaresizce uğraştım

Ama gözyaşlarım taştı

Ve o böyle veda etti:

"Artık gözyaşı yok, artık gözyaşı yok

Tanrı ruhumu almaya geliyor

Yıldızların geldiğini görebiliyorum

Yatağa yaklaşıyorlar

Parıldıyorlar ve ışıldıyorlar

Kafamın içinde

Ve rüyam

Gerçek oluyor.

Parlak olmak kaderimde var

Ve sana rehberlik etmek.

Bana bir dilek tut

Bana bir dilek tut."

Bu gece ve her akşam

Bir yıldızlar zinciri yolumu aydınlatıyor

Gözleri ruhumu canlandırıyor

Gece gündüze dönüşürken.

Aşkım cennetteki bir yıldız

Uzayın kollarında sürükleniyor

Ve bir gün birlikte olacağız

Başka bir zamanda ve yerde.

SON AŞAMA

Işık bulutların yüzünden parlıyor

Mavi, senin yarı saydam gözlerinde berrak

Yağmurlar bu cennet gibi kucaklaşmayı engelleyemez

Gözyaşları bu kristalize yüzü lekelemez

Acıyı taşımayın, zihninizi kapatmayın

Gözyaşları düşüyor, beni kör bırakıyor

Ama her zaman senden, sevgiden ilham alabilirim.

Eğer şans eseri balonun esaretinden kurtulursa

Kaderini ya da kaderi suçlama

Balona ulaşmak onu patlatabilir

Balonu patlatmak ölümcül bir hata olur

Çünkü bulutlar bile zincirlenmiş olanları kıskanır

Onlar çok özgürdür, kurallara bağlı olmadan seyahat ederler.

Çocuk için çizilen fotoğrafı izle

Kader uysal ve yumuşak olanları arar

Boş yüzleri birkaç unutulmuş cümle ile doldur

Kopyala ve devam et.

DENİZDEN GELEN ŞARKI

O zamanlar kolaydı

Dolaşmak

Amaçsızca

Endişesiz

Ya da hiçbir şey

Varlığını sorgulamak

Ya da balonunu patlatmak.

Ama sonra

Ben geldim

Ve etrafındaki her şey

Gerçek dışı

Ve adaletsiz

Görünmeye başladı

Ve sen farklı hissettim

Ve beni şekillendirmeye çalıştın

Böylece ben

Senin yerine sığabileyim

Ama olmadı

Çok zordu

Bizi bir arada tutan

Bir yol bulmak

İkimiz de ince buz üzerinde

Yürürken.

Biri gidebilirdi

Biri kalabilirdi

O zaman kolaydı

Sen beni batırmadan önce

Üçüncü kez.

ASLA OLMAYACAK RESSAM

R enkler seslendi

Ona

Gecenin

Artritli

Dengesiz

Yaşlı

Kararsız

Denedi

Boşuna

Yaratmak

Bir şaheser

Yaşamak

O gittikten sonra

Bunun yerine

Dünyalar çarpıştı

Deniz ve gökyüzü birbirine karıştı

Gülümseyen kadın ağladı

Sersem

Tökezleyen

Kayarak

Palet

Boya

Vücut

Bir.

Fırça

Ressam

Bir.

Güneş

huzur ve sükunet içinde

O yürürken

dağ

kenarına

doğru.

O

fırçadan

akıp gitti

Denizin

açık kollarına

Orada

denizin

asla olamayacak bir ressam haline geldiği yer.

GÜZEL GÜNBATIMI

Güzel gün batımı

Denizi selamlamak için alçalıyor

Cennet babası

Özgür olanlara uzanıyor

Canlı resimler

Sonsuzluğu kavrıyor

Dans eden renkler

Dolambaçlı yollar

Kim bilir nereye gidiyor

Dönen bulutlar

Rüzgârın imrendiği

Yankılanan elmaslar

Geceyi şarkılarla geçiriyor

Karanlık silüetler

Bahçenin ay ışığı

Hepsi suskun

Sakin ve dingin

Bu bir mucize

Doğanın mucizesi.

Anlar geçer

Günler geçer

Yıllar geçer

Ve sen hala hayatını rüyalarda geçiriyorsun

Neden rüya görmelisin

Doğa seni oynamaya çağırırken?

OYUNCAKLARI OLAN ÇOCUKLAR

Dünya parçalanırken
Ve hepimiz bir cevap ararken
Oyuncaklarıyla tehdit eden çocukları dinlerken
Hem beni hem de seni yok edebilecek oyuncakları.

Akan nehrin kıyısında duruyorum
Bir ses, sağduyulu bir ses arzularken
Rüzgârın kolları beni sıkıca sarıyor
Adamın güçsüzlüğüne titrerken.

Tarih dünyaya erkekler ve kadınlar verdi

Kılıç yerine kalem kullanan liderler

Konuşmaktan korkmayan büyük yazarlar

Doğru olanı kayıtlara geçirenler.

Dickens, Longfellow, Emerson ve Thoreau

Onlar barışçı insanlardı, herkes adına konuştular

Bugünün liderleri, şairleri nerede?

Bu çağrıyı onlara yapıyorum.

Çünkü dünyanın liderleri krizde

Gelecekten korkuyorum - kendimden değil, oğlumdan

Kontrolü ele alacak birine ihtiyacımız var

Silahlı ve silahlı çocukların yerine.

Siz kimsiniz, bugünün şairleri?

Neredesiniz, sesimi duyun!

Şimdi konuşun ya da sonsuza kadar sessiz kalın

Bu şair endişeyle cevaplarınızı bekliyor.

O GÜNLERDEN BİRİ...

Hiç böyle bir gün yaşadınız mı?

Bilirsiniz işte

Hiç e-posta gelmeyen

Ve dünden kalanların hepsine cevap verdiğiniz

Ve posta gelmesini dilediğiniz

Ama posta kutusu boş

Pizza Hut broşürü dışında

Hiç böyle bir gün yaşadınız mı?

Bilirsiniz işte

Geçmişin bir türlü geride kalmadığı

Ve kahvaltının

Öğle yemeğinin ya da akşam yemeğinin

Ve kurtarılmayı umut etmeye devam ettiğiniz

Ama neyden kurtarılacağınızı bilmediğiniz

Hiç böyle bir gün yaşadınız mı?

Bilirsiniz

Çamaşır ipinde bir karga

Sizi uzun zamandır görmediğiniz bir arkadaş gibi izliyor

Bir zamanlar tanıştığınız, hayatınızda bir iz bırakmış biri

Size bir mesaj iletmeye çalışıyor

Ve siz bu mesajı kimin gönderdiğini merak ediyorsunuz

Hiç böyle bir gün yaşadınız mı?

Bilirsiniz

Trafikte biri önünüzü kesiyor

Ve ona sert bir şekilde azarlamak istersin

Ama hayat çok kısa olduğu için vazgeçersin

Ayrıca, tanıdığın biri olabilir

Alacalı camın arkasında aldatma gizlenir

Hiç böyle günler yaşadın mı?

Hani şu

Sayfa boş kaldığında

Ve tek isteğin onu doldurmak olduğunda

Ama zihnin karışık kaldığında

Bugün öyle bir gün yaşıyorum

Hiç böyle günler yaşadın mı?

EBEVEYNLİK SANATI

Çocuklar hayatınızın aynasıdır.

Bildikleri, öğrendikleri her şey sizden gelir.

Temelinizi düşünürsünüz, bu size sıkıntı verir.

Çünkü ebeveynleriniz size sadece yapmamanız gerekenleri öğretmiştir.

Lütfen unutmayın, çocuklar her anı yaşarlar...

Zihinlerindeki kameralar tıklatır.

Onlar için hayat, günlerin geçtiği bir şeker dükkânıdır.

Ambalajları açar, her türlü seçimi yaparlar.

Tanrı ebeveynlere boş bir tuval verir: bir çocuk.

Resim yaptığınızda koşulsuz sevgi ortaya çıkar.

Ebeveynlik gökkuşağı bağlantısı - onlar size.

Hayat kısadır, zamanınızı iyi değerlendirin.

Ebeveynlik sanatını mükemmelleştirin.

BUHARLI

Aşkım ve mucizem, tamamen benim olan

Varlığımı nasıl değiştirdin

Senin hayatın ve benim hayatım, iç içe geçmiş

Her gün cömertliğini gösteriyorsun

Dolu dolu ve harekete geçmeye can atıyorsun

Senin düğmelerine basıyorum, bu benim arzum

45 dakika boyunca, hızlı, daha hızlı, sonra yavaş

Buhar yükseliyor, yukarı, yukarı, daha yükseğe ve daha yükseğe

O zaman sessizsin, tüm ihtişamınla

Her gün seni daha çok seviyorum.

Bütün dünyada, benim tercihim sensin

İyi bir bulaşık makinesi gibisi yoktur.

ZAMANIN BUZ GİBİ ELİ

Zamanın

Buz gibi eli

Kumları

Çocuğumdan çalıyor.

O şimdi

Sakin

Masum

Huzurlu

Uyuyor

Bazen

Bana dönüyor

Ve ağlıyor

Ya da inliyor

Acı içinde

Uykusunda

Uzanıyor

Ben okşuyorum

Dokunmuyoruz

Birleşiyoruz

Sık sık

Merak ediyorum

Acaba biliyor mu

Ki

Kum saati

Onun

Can damarıyla

Dolu

Ve

İki kat hızla

Aşağıya doğru

Dua ediyorum

Bir gün

O

Eve

Geri dönecek

Bir gün

Çocuğumu

Kucaklayabileceğim

Şimdilik

Bu cam tabut

Onun tek bildiği şey.

SONBAHAR ŞARKISI

Yapraklar ayaklarımın altında çıtır çıtır

Zihnimde bir çatırtı, bir patlama

Yükseliyor, alçalıyor - tabanlar yere değiyor

Anılar dönüp duruyor.

Yapraklar kokulu ve misk kokuluydular

Onları gökyüzüne kadar yığdık - gökyüzü yüksek -

Bir şehir kızının samanı. "Geronimo!" diye bağırarak atladık

Onlar bakir kar kadar yumuşaktılar.

Sonbahar bizi kollarının arasına aldı ve sevgiyle sarıldı.

Mevsimsel olarak. Biz sonbahar çocuklarıydık.

Yapraklar düşmeye başladığında canlandık

Ruhlarımız Doğa Ana'nın çağrısını çözdü.

Yapraklar kapımın önünde toplanıyor, bekliyor

Kız ve erkek kardeşlerim ziyarete geldi

Sonbaharın ruhu beni tekerlekli sandalyeden kaldırıyor

Hepimiz sonsuzluğun sonbahar şenliğinde birlikte dans ediyoruz.

ÇEMBER: ÜÇLÜ SERİ

DOĞMAMIŞ ÇOCUĞUMA MESAJ

Çocuğum, benim çocuğum

Dünyadan korunan

Rahmimde güvende olan.

Çocuğum, benim çocuğum

Görmeyen ve bilmeyen

Dünyanın kıyamet halini.

Çocuğum, benim çocuğum

Sen bensin.

Ben senin annenim.

Çocuğum, benim çocuğum

Ben senim.

Seni hiç kimseye benzemeyen bir şekilde seveceğim.

Çocuğum, benim çocuğum

Barış. Barış için dua et.

Zaman tüm acıları iyileştiremez.

Çocuğum, benim çocuğum

Barış. Barış için dua et.

Sen tüm yarınların umudusun.

Çocuğum, benim çocuğum

Kalbin atıyor, uzuvların oluşuyor

Sen henüz doğmamışsın, masumsun.

Çocuğum, benim çocuğum

Sen benim gelecek umudumsun

Sen herkesin geleceğisin.

ÇEMBER: ÜÇLÜ SERİ

İYİ GECELER KÜÇÜCÜK

Cennet çok uzak değil

Orada oynamaya gitti

Hafif bir bulutun üzerinde dans ediyor

Uçarken herkesi büyülüyor

İçimde yaşayan minik ruh

Şimdi ruhu özgür kaldı

Rahmim boş, o artık yok

Ama ben eskisi gibi değilim.

Onu görmek, cansız bir şekilde bağlı

Hayatın sonu daha yeni başladı.

Teslim oldum, artık benim olmayan çocuk

Cennette, sonsuza dek ilahi.

ÇEMBER: ÜÇLÜ SERİ

KÜÇÜK MELEKLER

Şşşşşş.
Dinle.

Onların şarkılarını duyuyorum.

Dinle.

Sen de duyabiliyor musun?

Dinle.

Sesleri

Kalbimi dolduruyor.

O kadar dolu ki

Korkuyorum

Patlayabilir

içimde.

Dinle.

Yaptığın şeyi bırak ve

dinle.

Bana güven.

O da onlarla birlikte.

Dinle

Tüm kalbinle ve ruhunla.

Dinle...

Şşşşşş.

EVLİLİK DUASI

Çerçevedeki fotoğraf çatladığında
Ve evlilik yeminleri aklından çıktığında
Sadece anılar yolunda gittiğinde
Ve mutsuzluğun gözyaşları seni kör ettiğinde
O zaman belki de uzaklaşmalısın
Bildiğin her şeye sırtını dönmelisin
Belki de zamanı gelmiştir, her şeyi denedin
Ve hala kendini biraz boş hissediyorsun.
Gitmeden ve valizlerini toplamadan önce
Sevdiğin kişiyle KONUŞ, ona ulaş

Ona kalbini, ruhunu aç

Ve belki de her şeyi çözebilirsin

Çoğu zaman vazgeçip taşınırız

Sadece elimizden geleni yaptığımızı düşündüğümüzde

Aşk varsa, kısa bir ara verdikten sonra bile

Tekrar büyüyebilir

Şimdi, istismara katlanmayı onaylamıyorum

Bu durumda başka ufuklara gitmelisin

Ama ilişkinizin bir anlamı olduğunu düşünüyorsanız

O zaman kalbinizin sizi yönlendirmesine izin verin ve onu takip edin

Çünkü paylaşacak birinin olmadığı bir dünya

Yalnız ve soğuktur

Ve yaşlandığınızı unutmayın

Ve yanınızda sizi önemseyen biri var.

Öyleyse yeniden başlayın, romantizmi raflardan indirin

Bayatlamış bir ilişkiye hayat verin

Pişman olmayacaksınız, kendiniz için yapın!

Gerçek aşk asla başarısız olamaz.

BEAU IDEAL

Güzellik asla sakinleştirmez

Ağlayanları

Güzellik asla ısıtmaz

Soğuk bir vedayı

Kalp kanadığında

Ego beslenmeye ihtiyaç duyar

Ve güzellik mazeret değildir

Çünkü asla sakinleştirmez

Ağlayanları

Aşık olduğunda

Güzellik her yerdedir

Aşkın bittiğinde

Tek güzellik umutsuzluktur.

BABA VE OĞLU

Baba oğluna erkek olmayı öğretir

Oğul babasına yeniden çocuk olmayı öğretir

Birlikte el ele yürürler

Onları izlemek benim için çok muhteşem

İkisi birlikte sihirli bir oyun oynuyorlar

Cumartesi günü Thunderbirds'ü izlerken

Baba endişelenir, o erkek olabilir mi?

Çocuğu onu idealize eder, elbette olabilir.

Çünkü çocuğu onu güçlü ve sıcak biri olarak görüyor

Ve onu her türlü zarardan koruyacağını biliyor

Onu hiçbir şey için hayal kırıklığına uğratmayacağını biliyor

Baba onu doğmadan çok önce sevmişti

Baba oğluna erkek olmayı öğretir

Zamanın başlangıcından beri böyle olmuştur.

FLEETING

Ve ben geçip gideceğim

Senin yanından bir esinti gibi

Ve dokunmayacağım

Ya da iz bırakmayacağım

Orada olduğumu

Sadece papatyaların ve yoncaların

Tatlı kokusu kalacak.

BENİ UNUTMA ÇOCUK

B eni unutma çocuk

Altın tarlanın

Bırak düşsünler

Ve mesaj ortaya çıksın

Yapraklarını kullanma

Gözyaşlarını saklamak için

Kendini korumaya çalışma

Onların alaylarından

Çünkü güzelliğin çok büyük

Asla gizlenemez

Beni unutma çocuk

Altın tarlanın.

ELLER

Eller

Değer vermeli

Eller

Tutmak

Ulaşmak

Çok soğuk

Öğretmek

Eller

Sayfaların üzerinde

Vücutların üzerinde

Masum okşamalar

Eller

Tutulmuş

Kırılan sözler

Parmaklar

Artık zincirsiz

Kutular

Dolu

Kırık dairelerle

Eller

Değer vermeli

Eller

Boş

Eller

Buruşuk

Eller

Uzanıyor

Eller

Fikirler akıyor

Bu ellerden

Her zaman değer verilen

Eller

Bir sanatçının

O BENİ SEVİYOR
O BENİ SEVMİYOR

Bir çiçek büyüdü

Bahar gibiydi

Çiçeği kopardım

Aşkımızın gerçek olup olmadığını görmek için

Yapraklarını kopardım

Ve onu paramparça ettim

Resim gelişirken

Umut dolu kalbimde.

Kadife çimlerin üzerinde

Ölü çiçek kaldı

Ve kalplerin kraliçesi olarak

Ben, kendim, yağmur yağdı.

BİLGİSİZ

Seni yarında kaybettim

Geçmiş olmayan bir dün

Kederle gözlerimi kapattım

Ve bir an geçmeden

Aşk kayboldu, sen de onunla birlikte

Asla böyle bir şeyin

Benim gibi birine olabileceğini düşünmezdim

En azından yapabileceğin şey

Bana düzgün bir veda etmekti!

YARA BANDI TAKIN

Senin bulmacana bir yara bandı yapıştırdım

Parçaların her yere dağılmıştı

Senin can yeleğin oldum

Denizde alabora olduğunda

Kırık kalbini onardım

Onarılamayacak kadar parçalanmıştı

Seni yukarı çektim, kaldırdım

Umutsuzluğun derinliklerinden.

Şimdi hayal gücümün bu ağaç evinde saklanıyorum

İyilik ve rehberlik arıyorum

Kimseye sormadan, beni kim onaracak?

Havaya soruyorum, bu nasıl olabilir?

Seni benim görevim, günün iyi ameli yaptım

Tüm hüznünü ortadan kaldırdım

Karşılığında sen kalbimi ikiye böldün

Şimdi sanki çimento ayakkabılar giyiyormuşum gibi hissediyorum

Ve kalabalık bir boşlukta kayboldum

Dolaşıyorum, bulamadığım şeyi arıyorum

Kimseye sormuyorum, beni kim onaracak?

Havaya soruyorum, bu nasıl olabilir?

Soruyorum, asla bilemiyorum

Neden?

EĞER YAPABİLSEYDİM...

Eğer yapabilseydim

Zamanın akışını tersine çevirebilseydim

Seni sonsuza kadar

Benim yapardım

Sen benim yağmurlu bir günde

Şemsiyemdin

Gülümsediğinde

Tüm dertlerim yok oldu

Yaşadım ve nefes aldım

Senin için.

Kalbime

Aşkın tatlı sözlerini fısıldadın

Ve ben güçlü oldum

Özel oldum

Özgür oldum

Hepsi

Beni sevdiğin için

Ve güneş, parladı

Seninle bir olduğumda.

Ama bir melodi gibi

Senin aşkın

Kayboldu

Ve geriye kalan tek şey

Sürekli tekrarlanan

Bir şarkıydı

Tekrar tekrar

Çalıyordu

Ve zihnimden

Çıkmıyordu

Eğer zamanı geri alabilseydim

Seni benim yapardım

Sonsuza kadar

Sonsuza kadar

Sonsuza kadar.

AYNA AYNA

Ayna ayna

Duvarda

Düşersem

Beni yakalar mısın?

Ayna ayna

Ne yaparsın

Parçalar kırılırsa

Ve karanlık sana dönüşürse?

Ayna ayna

Duvarda

Neden

Yansımam bu kadar küçük?

ORGAN ÖĞÜTÜCÜLER

S ürünerek

Kasvetli koridorda

Çürümüş mor

Korkunç yeşil

Kokuyu koklayarak

Çürüyen ölü etin

İnsan eti

Ölmek

Müstehcen.

Yaşlı kadını görüyorum

Lazımlıkta oturmuş

Genç adam ölmüş

Ama nefes alıyor

Ritmik

Damla sesiyle

Uyumlu.

Ve aşk gemisinin

Penceresinden

Bir adam katlediliyor

Bir maymun

Sırtına atlıyor

Ve beyaz giysili

Birisi

Tek bir bozuk para

Şapkasının içine atıyor.

ÇAMUR SUYU YAYGININDA YANSIMALAR

F ındık yeşili gözler

Narsist bir bakış

Sualtı sarayının

Düşünceli

Ama boş

Kendini

Kendine

Anlatan

Yansıma

Tamamen

İzleyicisine

Benzemiyor.

Derinlerde

Bulanık sularda

Kusurlardan, acıdan

Ve anılardan

Korunarak

Sıvı kaldırım

Bir grimasa

Dönüşüyor

gülümsemeye dönüştü.

BİRLİKTE ZİNCİRLENMİŞ

S u düşüyor

Ağzımdan

Senin kovana

Gül yaprakları

Zaten

Eklenmiş

Eritme süreci

Bölünme gerekli

Sebepler

Aynı

Korku kurulumu

Gerçeği

Almadan önce

Geliyor

Gerçeği

Serum

Vaftiz törenleri

Sonunda

Anlamlı görünüyor

Ama iten ses

Kombinasyon

Birleşir ve sonra bölünür

Ayrılık kaçınılmaz

Bir ömür boyu

Ama sen daha adını söyledin

Seni duyuyorum

Çığlık atıyorsun

Gecenin içinde

Ama sana ulaşamıyorum

Uçurum

Çok büyük.

ZAMANIN İŞARETİ

Bir şey beni delirtiyor

Beni çıldırtıyor

O kadar dayanılmaz bir şey ki

Bu arkadaşımı bile bırakabilirim.

Görüyorsun, o sürekli gevezelik ediyor

24 saat, 7 gün boyunca konuşup duruyor

Yalnız olsak da

7-11'de alışveriş yapıyor olsak da fark etmez.

Nereye gidersek gidelim, aynı şey oluyor

Ve onun dikkati benden başka bir yere kayıyor

O başka bir dünyaya gidiyor

Ve ben onunla birlikteyim, ama yine de yalnızım.

Sürekli "YETER ARTIK" demek istiyorum

Yapamıyorum, artık buna dayanamıyorum.

Seçim yapmalısın, kim olacak?

Kapıdan çıkan ben olacağım.

Görüyorsun, ben yeşil gözlü bir canavarım

Yalnız kalmayı hak eden kıskanç bir kaltak

Yenildiğimi biliyorum, onun cep telefonunun zil sesiyle rekabet edemem.

CEVAP

Bir maske takıyorsun

Her zaman

Seni göremiyorum

Kılık değiştirmek suç değil

Yalnız kalbim

Bana sürekli söylüyor

Sen olabilirsin

Cevap.

Bir maske takıyorsun

Siyah ve mavi

Kayboldun

Cadılar Bayramı renklerinde

Bekliyorum

Umutla

Göremiyorsun

Sen olabilirsin

Cevap.

Eğer senden

Çıkarmanı istesem

Bana

Arkasında kim olduğunu göstermek için?

Güler miydin?

Ve alay eder miydin

Biliyorsun ki

Yalnız olmalıyım?

Senin önünde duruyorum

Seni tanımak istiyorum

Hala göremiyorsun

Senin

Cevap olabileceğini.

KAR TANESİNİN ÖLÜMÜ

Kar tanesi gözyaşına dönüştü

Anında öldü

Hiç ses çıkarmadı

Gökyüzünden düşüyorlar

Yıldız şeklinde

Ve güneş doğduğunda

Hayatta kalamıyorlar.

Su, her yerde su

Umursamadan üzerlerine basıyoruz

Hiçbir şey yoktu ve hiçbir şey olmayacak

Kaderi yas tutma.

GEÇMİŞ

Akbaba gibi süzülerek

Omzumun üzerinden

Sırıtarak

Sonsuza dek

Saldırarak

Gerektiğinde

Sık sık

Öyle görünerek

Bir dost

Savunmasız

Ben

Sen

Bir düşman

Gizlenmeyi bırak

Hazır değilim

Beni rahat bırak

Beni aşağı

Çekerek

Bırak

Geçmişi.

SÖYLENMEYEN

Güzel gün doğumu

Kalbimde

Renklerin spektrumu

Muhteşem sanat

Zihnim dinleniyor

Omzunda

Mavi gözlerin kahverengi

mavi üzerinde

Benim olan her şey

Senin için varım.

KARPUZLU KADIN

Bir zamanlar

bir kuştum

Ama özgürlüğü sevmiyordum

Ne kadar uzağa

uçabileceğimi gördüğümde

Yorulmadan

Uçağın koltuğunda

Bir insan

olmak istedim

Güçlü ve mantıklı

görünüyorlardı

Ve hayran kaldım

Nasıl

gelişmeye çalıştıklarına

Ben ise rüzgârın

sürüklediği

Daireler çizerek

Ve bebeklerimin

baharda

Ve böylece

Ben

Bir karpuzcu kadın

Oldum

Ekim ve tohum ekme

Toplama ve satma

Yarım gün

Uyuma

Az bir ücret karşılığında çalışma

Ve çocuklarımın

Tüm yıl boyunca

Açlıktan ölmesini izleme.

Ben bir kuştum

Bir zamanlar

Ve özgürlüğü

Sevmiyordum

Ve şimdi

Olmak istediğim şey

Bir karpuzcu kadın

Olmak yerine

Evet, bir zamanlar

kuş

olmuştum ama

özgürlüğü

her zaman daha yeşil

her zaman daha yeşil

diyorlar

Yine kuş olmak isterdim

karpuzcu kadın olmak yerine.

KALPSİZ

S eni

Avuç

İçine

Almak

Ve

Kalbini

Parmaklarımın

Arasından

Kum

Gibi

Akıtmak

Seni

Bir

Posta paketinin

İçine koymak

Ve

Sonra

Savaşın sürdüğü

Bir ülkeye

C.O.D.

Geri dönüş adresi olmadan.

Seni

Sergilemek

Bir cam

Kutunun

İçinde

Ve

Görüntüleme

Başına

Ücret

Almak

Sonra

Kaydetmek için

Kalbini

Sadece

tekrar ezmek için.

PASKALYA

Ateşte yanan bir kağıt parçası gibi

Nefretin arzuya dönüşmesi gibi

Gerçeği söylemek için hiçbir nedeni olmayan bir nehir gibi

Gençliğimi kaybettim.

Şimdi yaşlandım ve saçlarım ağardı

Güzelliğim kırışıklıklarla kayboldu

Ve birçok hayalim yok oldu

Hepsi bedelini ödedi.

Şimdi bahçeme çıkıyorum

Menekşeler vadisi beni çağırıyor

Kokuları bana yol gösteriyor

Doğa ve ben hiç bu kadar güçlü olmamıştık.

Çıplak gözle gökyüzüne bakarken

Bir gökkuşağının yolunu izliyorum

Etrafımda yağmur damlaları şarkı söylüyor

Zümrüt yeşili çimler parıldıyor.

Ruhum pişmanlık duymadan özlem duyuyor

Çelik mıknatısa çekilir gibi cennete doğru

Fıskiyeler fısıldıyor sanki

Yolculuğuma serenat yapıyor: Tatlı rüyalar.

ERKEN GİTTİ

(John Lennon'ın öldürülmesi haberini duyduktan sonra yazılmıştır)

Ve artık dayanamadığımda

SENİN BACAKLARIN benim oldu.

Ve artık ağlayamadığımda

SENİN GÖZYAŞLARIN benim oldu.

Ve kendimi bulamadığımda

SENİN KİMLİĞİN benim oldu.

Ve artık inanamadığımda

SENİN AMACIN benim oldu.

Ve artık konuşamadığımda
SENİN SÖZLERİN benim oldu.
Ve artık yaşayamadığımda
Senin ölümün BENİM OLDU.

WHISPER

Fısılda, fısılda, ben fısıldıyorum

Bu sır sadece benim, sadece benim

Sadece ben kalbimi şarkı söyletebilirim

Ne kadar nazik olursan ol

Ruhum farklı bir işaret arıyor

Fısılda, fısılda, ben fısıldıyorum

Bazen bir ders kalp kırıcı olabilir

Bazen hizaya getirilirsin

Sadece ben kalbimi şarkı söyletebilirim

Altın yüzüğünle zincirlenmiş
Rahat bölgende uzanıyorsun
Fısılda, fısılda, fısıldıyorum

Ruhum altın kanatlarla uçmak istiyor
Orada dünya benim olacak
Sadece ben kalbimi şarkı söyletebilirim

Ve yine de hiçbir şey açıklamıyorum
Çünkü bilinmeyen yüce olabilir
Fısılda, fısılda, fısıldıyorum
Sadece ben kalbimi şarkı söyletebilirim.

SCARAMOUCHE

Onun resmi

Özü eksik

Çerçevelenmiş

Gereksiz kıymıklarla

Ruhundan.

Parçalar

Bir zamanlar kanadı

Bir kavga ile

Şimdi özgürce veriliyor

Yansıtıyor

Kendine olan nefretini.

KOROS

Bırakmayalım

Rüzgârın

Onu uçurmasına

Yeniden inşa edelim

Gerçekliğin

Kapılarını açtığı yerde

Onu yeniden

Bütün yapalım

Ona bir amaç

Verelim.

Scaramouche, ortaya çıktı

Gerçek gizlenemez.

KOROS

Rüzgârın

Onu devrilmesine

İzin vermeyelim

Yeniden inşa edelim

Gerçekliğin

Kapıları açtığı yerde

Onu

Tekrar bütün yapalım

Ona

Verelim

Bir amaç.

YOLU YÜRÜYÜŞ

Yolu yürüyerek

Tac Mahal'e

Toplum ağaçlar dikiyordu

Sonbahara hazırlanıyordu.

Şapeller kollarını açtı

Dua ederek yeni dünyaya

Eskiden kelimeyi ararlardı

Güvenilir bir kahinden

Sonra aynalar gözleri gördü

Görmek için çok kör olan

Yaratıcılığın

Doğuşunu ve kökenini.

Bugün, bir ressam bir şelaleyi resmediyor

Ve kimse ona nedenini sormuyor

Çünkü her şeyin

Gökyüzündeki bir ruh için olduğunu anlıyoruz.

Bu yeni milenyum

Çevirilerin ücretsiz olduğu

Hayatlarımızı çevrimiçi paylaştığımız

Sahte bir topluluk duygusu yarattığımız bir milenyum.

Hepimiz bir güvercinin kanatlarında

Vatandaş olarak doğduk

Cevap her zaman bizimdi

Tek kelimeyle, bu aşk.

BARİYER

Bariyer ayırıyor
Duvarlar nefes alıyor
Formaldehit damlaları
Zihinleri zehirliyor
Parça parça
Kurtarıcı
Kaiser
Tüm çöreklerin
Bariyer ayırıyor.
Havayı erit
Cesaret verici
Sözlerle

Mantar bulutları

İnsan tüketimi için değildir

Neden kırılsın

Kırılabiliyorsan

Neden ariza?

Bir

Sorunlu fahişenin

İncil'den bir pasaj okurken

Hayatının kalan günlerini

İncelemesi

Evrenin

Fahişe satıcısı

Kelimeler uçar

Vadi

Ölüm

Çırpınır

Bir yanlış anlaşılma

Yanlış temsil

Havayı erit, erit.

Bariyer

Bariyer

Ayırıyor

Cesaret verici sözlerle

Eriyor

Birini bölüyor

Aynı olan.

Bir düşünceden

Diğerine sürükleniyorum

Önemli değil

Kimse bilmiyor

Ve zaman sonsuz

Yine de akıp gidiyor

Ve hiçbir şey yapılmıyor

Ve anılar beni sadece zincirliyor

Bu boşunalıkta

Daha da fazla.

Biri çığlık atıyor

(yoksa ben miyim?)

Onlara susmalarını söyle

(neden çığlık atıyorum?)

Bir kuş şarkı söylüyor

Penceremde

Tüm hayatımın enerjisini

Ona odaklanıyorum

Ve o uçtuğunda

Ruhum da öyle

Sonsuz maviliğe doğru

Bir zamanlar

Önemini bilmediğim.

HAFİF YANLIŞ ANLAMALAR

Tedbiri elden bırakarak

Genç silahını çekti

Tezgahın arkasındaki adam titredi

Oğlan kimseye zarar vermeyeceğine söz verdi.

Çocuk sokağa kaçtı

Gökyüzündeki tek bir bulut gibi

Hiçbir zaman yenilginin acısını hissetmedi

Şimdi sirenlerin çaldığını duydu

Çünkü görevini yeni bitirmiş bir polis

Meşru müdafaa için onu vurdu

Cesurca, olayı başından önledi

Şiddet denizinde bir ölüm daha

Rozeti güneşte parlıyordu

Çocuğun nabzı yoktu

Şövalye dikkatlice silahı kaldırdı

O sadece bir çocuk oyuncağıydı.

MACBETH

Dağından indiğinde
Deniz kenarındaki bilgisayarıma
Bir veri işleme olacağım; sayılar.

Klavye sesimi dinle
Gerçekliği engelleyen
Tıkırdayan müzik
Kimliğe gerek yok

Patronundan nefret ediyordun
Anı yakaladın
Bir isyan başlattın

Şimdi onun tahtında

Oturuyorsun

GIC'leri gönderiyorsun

Zamanında

Çalışmak için

Ödenen yoksullara

Deniz kenarında

Avlanmaya gideceksin

Ne için

Bilmiyorum

Ama bulduğunda

Nerede olacağımı biliyorsun

Bir veri işleme

Deniz kenarında.

BELKİ

Belki

Senfoni

Çalıyor

Çok yüksek sesle

Gözyaşları

Oluşuyor

Gözlerimde

Duyuyorum

Bir koro şarkı söylüyor

Zihnimde

Sözler var

Söyleniyor

Ama sözler

Henüz

Yazılmamış

Belki

Hayal gücüm

Yine

Bana

Şaka

Yapıyor

Sen

Bana

Bir

Senfoni

Serenat Yapıyorsun

Ama

Kelimeler

Yankılanıyor

Zihnimde.

SİFON

Bir rahip yakasını kaldıracak
Var olan şeylerden saklanmak için
Soğukta bir jilet kesecek
Kanayan bilekleri emmek için
Bir kaplan kalbe atlayacak
Samaritan'ı parçalayacak
Kimse iyi demedi
Kimse bana senin iyi olduğunu söylemedi
Ama sen çok iyiydin
Bundan tamamen eminim
Şimdi uzaya uçuyorsun
Camın üzerine nefes alıyorsun

Don yüzünü felç ediyor

Beynin geçmişi kesip atıyor

Tüm dünyaya söyle

Çünkü bilmek istiyorlar

Onlara ruhunu nasıl sattığını söyle

Bir iğnedeki zehir için.

CEVAPLANAMAYAN MEKTUPLAR

Sana yazdım

Çünkü güneş parlıyordu

Bu yağmurlu zihnimde

Ne zaman senin gülümsemeni hatırlasam.

Sana yazdım

Çünkü seni özledim

Gülüşünü özledim

Ve en çok da nazik dokunuşunu.

Sana yazdım

Çünkü kalbimi

Avuçlarının içinde tutuyordun

Ve inanıyordum

Ne kadar uzak olursak olalım

Sen her zaman benimle olacaktın

Ve ben de seninle.

Sana yazdım

Sonsuza kadar kalmanı istedim

Ama o çoktan gitmişti

Ve mektuplar gönderemeden eridi

Sana hiç yazmadım.

KELEBEK

Monarch kelebeği

Havada toplanır

Bir an durur

Sonra kaygısızca yükselir.

Renkleri serbestçe akıyor

Tıpkı tuval üzerine dökülen boya gibi

Kanatları gökyüzünü kucaklıyor

Rahat bir dinginlik içinde:

Hareket halindeki güzellik.

Bir çiçek üzerinde dans ediyor

Son derece narin bir şekilde

Bilinçsizce üstünlüğünü

Gösteriyor

Bir balerin gibi kanat çırparak

Gökyüzüne doğru tırmanıyor

Monarch kelebeği kadar

Özgür olmak istiyorum.

EVRİM

Kar taneleri saçaklara düşüyor

Aşağıdaki yolculara fısıldayan mesajlar

Yaprak dökmeyen taraklar kar tanelerini süpürüyor

Yeryüzünü kar örtüsüyle kaplıyor

Aralık sonlarında sığ bir akşamdı

Hatırlamak istemediğim bir zaman

Melekler bu dünyaya düştüler

Efendimiz tarafından değerimizi belirlemek için gönderildiler

Havuzda yansıyan görüntüleri temizlediler

Her bir aptalı beslediler ve giydirdiler

Tüm yıldızlar batana kadar dans ettik

Ve ağaçlar altın taçları miras aldılar

Zaman uçtu ve daha fazla rüya örüldü

Melekler herkese gülümsemeler çizdiler

Tüm değerler parıldayıp ışıldayana kadar

Göksel bir ışığın gücüyle parıldayarak

Yüksek sesle şarkı söyledik, bir kilise, bir şarkı

Ve inanmayanlar da bize güç vermek için katıldı

Tanrı ruhları topladığında, bazıları çağrılmadı

Onlar doğaya doğdular ve yeni bir dünya gelişti.

60 SANİYEDE DÜNYA
(OKUMA HIZINIZA BAĞLI OLARAK)

A yak ağzında

Dil ayakkabıda

Uydu

TV de

Harry Potter

Hoş geldin Kotter

Zaman tünelinde sıkışmış

Gidecek yer yok

Ölüm maçı izlemek

Vuruş vuruş

Asansör müziği

Kokainle kafayı bulan uyuşturucu bağımlıları

Rolling Stones

Kate Moss

Çarmıhta çivilenen Brian

Trenler çarpışıyor

Bilgisayarlar çöküyor

Yüksek teknoloji

Star Trek

Ağızdan ağza

Ağızdan ağıza suni teneffüs

Açıkça ayrımcılık

Yargıç Judy

Çalışmak için yaşamak

Tutti Fruity

Yaşamak için çalışmak

Görmek için kör olmak

İnanmak için görmek

Rap yapan Hristiyanlık

Bekaretin ifşa edilmesi

Teletubbies'in bilgisi

Seinfeld şovunun yasını tutmak

Çiçekler Çiçekler

Kensington Park

Joan of Arc

Yanan dudaklar

Gülümseyen dişler

Doğmuş çocuklar

Günahsız

Ozon tabakası

Ejderha avcısı

T-Rex

Aynı cinsiyet

Seks satar

Cep telefonuyla konuşmak

Kanat çırpmak

Gökyüzünde uçmak

Dalgaları yakalamak

Mickey D'nin patates kızartması

Wal-mart

Kalpten kalbe

Ayda yürümek

Yabancılara ayını göstermek

Kızartma tavasından çıkmak

Ayrıca koştu

Dansçı dans ediyor

Özgür giyinmiş

Kimse fark etmiyor gibi

İmparator ve ben hariç.

GOSPELAMER

Ö rümcek sürünerek ilerledi

Toz mavisi gökyüzüne doğru

Bulutlu bir ağda dönerek

Yıllar süren bir uğraşın sonucu

Neredeyse varacağı yere geldiğinde

Yaşlı ve grileşmiş örümcek

Durumu düşünmeden

Ağını daha genişletmeye çalıştı

Altın çağındaki biri için

Çok dikkatsizce dönerek

Ölümsüzlük denen melek

Onun sayfasını not aldı

O, örümcek ağına zincirlenmişti

Kader, onun şaheserini tehdit ediyordu

Sonra bir mucize eseri yağmur yağdı

Ve o, kurtuluşuna doğru kaydı

Kırk gün ve gece yağmur yağdı

Hiçbir iz veya iz kalmamış gibiydi

Sadece yaşlı ve grileşmiş bir örümcek

Noah'ın Gemisi'ne doğru yolunu örüyordu.

Yazar hakkında

Cathy McGough, çocuk edebiyatı, genç yetişkin kurgu, edebi kurgu, psikolojik gerilim, şiir, kısa öykü ve kurgu dışı eserler yazan Kanadalı bir yazardır. Ailesiyle birlikte Kanada'nın Ontario eyaletinde yaşamakta ve yazmaktadır.

Ayrıca:

Genç Yetişkinler

E-Z DICKENS SÜPER KAHRAMAN KİTAP 4 BUZUN ÜZERİNDE

E-Z DICKENS SÜPER KAHRAMAN KİTAP 3 KIRMIZI ODA

E-Z DICKENS SÜPER KAHRAMAN BIRINCI 1 IKINCI 2 TATTOO MELEĞI; ÜÇ

A MATEMATİK HALİ GRACE KITAP 1 ve 2 TAM SERI Parça; Final Füzyonu

FICTION

Thirteen Short Stories (which includes: The Umbrella and the Wind; Margaret's Revelation;

Dandelion Wine (READERS' FAVOURITE BOOK AWARD FINALIST))

Interviews With Legendary Writers From Beyond (2ND PLACE BEST LITERARY REFERENCE 2016 METAMORPH PUBLISHING)

NON-FICTION

103 Fundraising Ideas For Parent Volunteers With Schools and Teams (3RD PLACE BEST REFERENCE 2016 METAMORPH PUBLISHING.)

+ Children's books

www.ingramcontent.com/pod-product-compliance
Lightning Source LLC
LaVergne TN
LVHW061036070526
838201LV00073B/5056